运河上的舟楫

中国大运河博物馆　编

江苏凤凰文艺出版社
JIANGSU PHOENIX LITERATURE AND ART PUBLISHING

运河上的舟楫，
见证两岸繁华，
帆丛樯簇，
漕艘挽运；
运河上的舟楫，
维系国家命脉，
乘风破浪，
扬帆远航。

编委会

特别鸣谢　田　甜　张莅坤（南京博物院）

中国幅员辽阔，江河纵横。筏和独木舟的登场，令人惊叹先民驾驭舟楫之早；春秋战国时期，各类船只的建造，拉开了我国竞相开凿运河、沟通天下水系的序幕；秦汉时期，中国造船技术的第一个发展高峰顺势而来；隋炀帝通大运河、游江都，运河沿线的赏景舫船一时风头无两；唐宋两朝因受益于运河，手工业和贸易由此兴盛，船舶制造业随之繁荣；自元朝起，京杭大运河全线贯通，实现南北直航，漕运便利更胜往昔。

运河的开凿和疏通，不仅给南北交流带来了便利，也给百姓生活带去了美好。北宋张择端的《清明上河图》呈现了都城汴京的市井百态，明代仇英的《清明上河图》描绘了江南水乡的生活富足，清代的《姑苏繁华图》讴歌了商业发达、文化昌明的城市胜景，《龙舟竞技图》刻画了端午时节赛龙舟的一派欢乐与祥和，《潞河督运图》则以现实主义的笔触，记录了漕运枢纽各类船只的穿梭往来和沿岸街市的店铺林立、人头攒动……

翻开这本小书，我们可以看到古代画卷中的运河舟楫，也可以看到今日匠人精心复制的众多船模，通过它们，走近运河的千年历史，领略运河的无限风光。

筏 远古时代

筏，是人类最早的水面交通工具之一，也是内河船的起源之一。筏利用浮力漂浮，以撑篙在较浅的水域航行。早期常见的筏子多选用树干、竹竿、芦苇等物体横向排列，再用野藤、皮条拴扎制成。

方舟设泭，乘桴济河。

——《国语》

谁谓河广，一苇航之。

——《诗经》

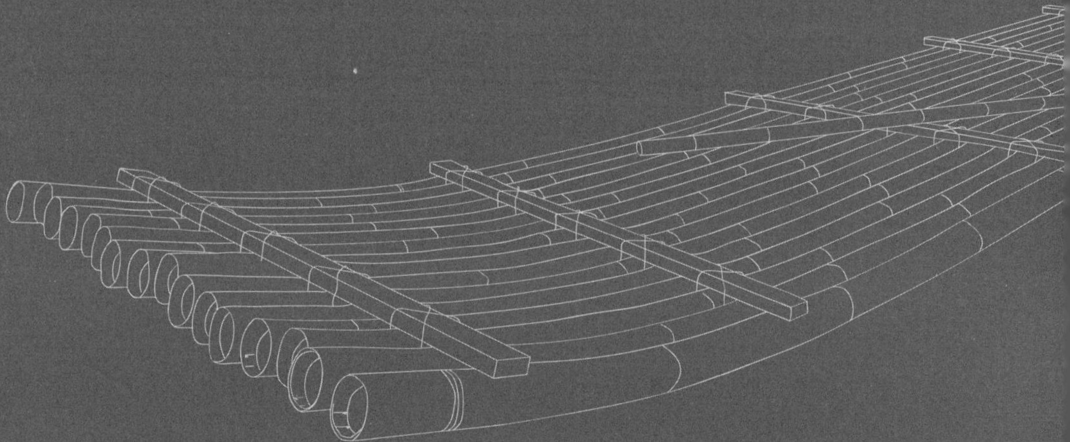

跨湖桥遗址独木舟、木桨 新石器时代

不管是葫芦做的腰舟，还是皮囊或竹子做的筏，它们都不能称之为船，只有在独木舟问世以后，人类的文明史上，才算是出现了第一艘船。2001 年浙江萧山跨湖桥遗址出土的距今约 8000—7000 年的独木舟，是目前已知的世界上最古老的独木舟。该舟体态轻薄，船头上翘，舟体残长约 5.6 米，最宽处 52 厘米，最大内深近 20 厘米，由整棵松木刳刻而成。该遗址还同时发现了木桨，说明新石器时代的古人已经掌握了制造独木舟的技能，可以在水上捕鱼了。

黄帝、尧、舜垂衣裳而天下治，盖取诸乾坤。刳木为舟，剡木为楫，舟楫之利，以济不通，致远以利天下。——《周易·系辞下》

燧人以匏济水。伏牺始乘桴。轩辕作舟楫。——《物原·器原》

艅艎 春秋

航行区域：江苏、浙江

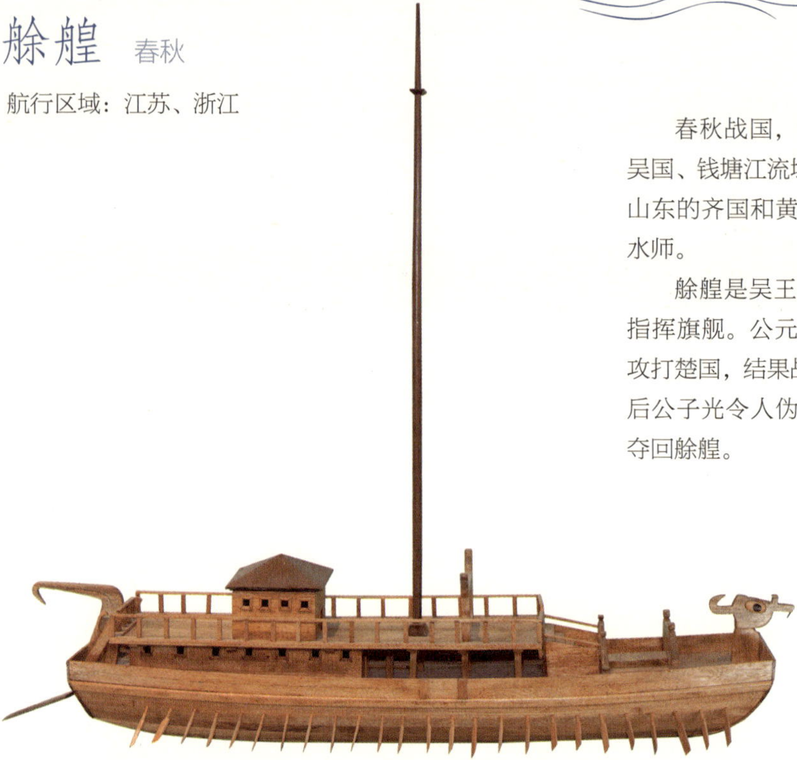

春秋战国，诸侯征战，位于太湖流域的吴国、钱塘江流域的越国、长江中游的楚国、山东的齐国和黄河流域的秦国，都有自己的水师。

艅艎是吴王僚的王舟，也是吴国水军的指挥旗舰。公元前 525 年，吴王僚派公子光攻打楚国，结果战败，王舟艅艎被楚国所获，后公子光令人伪装成楚军连夜偷袭，才重新夺回艅艎。

艅艎鹢首，涉川之良器也。

——《抱朴子》

王舟艅艎设两层甲板，作战空间大增。阁楼用于瞭望和作战指挥。

大翼 春秋

航行区域：江苏、浙江

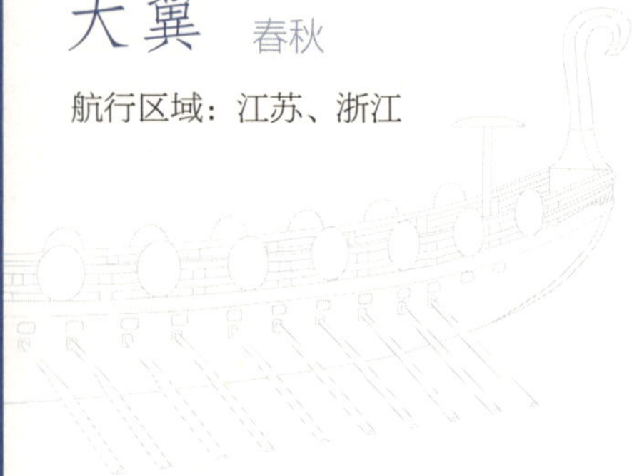

公子光即位后，史称吴王阖闾，楚国伍子胥来投，阖闾让他整顿军备，训练水师。当时，各诸侯国已积累了丰富的陆军作战经验，包括布阵、演兵、行军方略，而舟师水战则经验不足。

对此，伍子胥向阖闾建议，用大翼、小翼、突冒船、楼船、桥船等组建船队，仿效陆军车战之法，训练一支纪律严明、战斗力强的舟师。大翼便是水战中的主力。

桨手于甲板之下划船，可以保证船队安全、快速地行进。

《中国大运河史诗图卷》上卷局部

楼船 汉代

航行区域：江苏、浙江

楼船，因船高首宽、外观似楼而得名。作战用的楼船一般分三层，一层为庐，二层为飞庐，最上层为爵室。每层都设有防护女墙，用以防御敌方射来的弓箭、矢石。女墙上开有箭眼，用以弓弩发射。除战争外，楼船亦被当作一种高级游船。

汉代楼船的规模、形制均较春秋时期大得多，它的大量出现是汉代造船业高度发展的重要标志。

楼船——〔明〕茅元仪《武备志》

楼船——〔北宋〕《武经总要前集》

治楼船，高十余丈，旗帜加其上，甚壮。
——《史记·平准书》

徐市载秦女，楼船几时回？
——李白《古风》

双体舫船 晋代

这是一种两船并联而成的游船，因承载量大、航行起来更加安全平稳而受到皇室贵族的青睐，往往对其加以装饰乘坐游幸，亦称画舫。

此船模据顾恺之《洛神赋图》制作，船上重楼高阁，装饰华美，船尾有长橹。

冀灵体之复形，御轻舟而上溯。浮长川而忘返，思绵绵而增慕。——《洛神赋》

双体舫船——［东晋］顾恺之《洛神赋图》

龙舟 隋代

航行区域：河南、安徽、江苏

隋炀帝即位后用六年的时间修通了以洛阳为中心，北至北京、南达杭州的人字形大运河。公元 605 年，隋炀帝从洛阳出发经通济渠、邗沟至江都（今扬州），随行的龙舟、凤舟、各种舫船数千艘，船队之庞大，显示了隋代雄厚的造船力量。龙舟最上层有皇帝办公的朝房、卧室等，分正殿、内殿、东西朝堂和回廊；中间两层有房间 120 间，皆用丹粉、金碧珠翠相饰，雕镂奇丽，再用流苏羽葆、朱丝网络装扮，富丽堂皇；下层为内侍、船工住所。

隋炀帝杨广像——〔唐〕阎立本《历代帝王图》

造龙舟、凤艒、黄龙、赤舰、楼船等数万艘。

——《隋书》

龙舟——[清]《帝鉴图说彩绘本》

隋炀帝命人在运河两岸栽种垂柳，一来利用柳树根保护堤岸，二来借用柳树庇荫乘凉。民间传说因为隋炀帝姓杨，便赐垂柳姓杨，所以垂柳也被叫作“垂杨”。

〔北宋〕《金明池争标图》局部

凤舟 隋代

航行区域：河南、安徽、江苏

肖后凤舟——［明］《帝鉴图说》（日本安政五年刻本）

皇后乘坐的凤舟，也叫“翔螭”，比龙舟略小，其他装饰无异，极尽奢华。同去的妃嫔、诸王、公主各有相应等级的座船。随行的医、卜、侍卫、宫娥侍女以及僧尼、道士、蕃客等也分乘不同的船。各种船只前后相接，浩浩荡荡，两岸更是骑兵护驾，“旌旗蔽野”。

龙舟——[清]《帝鉴图说彩绘本》

《帝鉴图说》成书于明代隆庆六年（1572年），专为教育幼君明神宗朱翊钧而编写，后至清代诸朝，一直作为宫廷教育读物。该书由张居正主编，选取尧舜以来的君主故事，撮其善者81事、恶者36事，分为两册对照学习。张居正评价此书："条目仅止百余，而上下数千载理乱之源，庶几略备矣。"

凤舟——［清］《帝鉴图说彩绘本》

如皋木船 唐代

航行区域：江苏

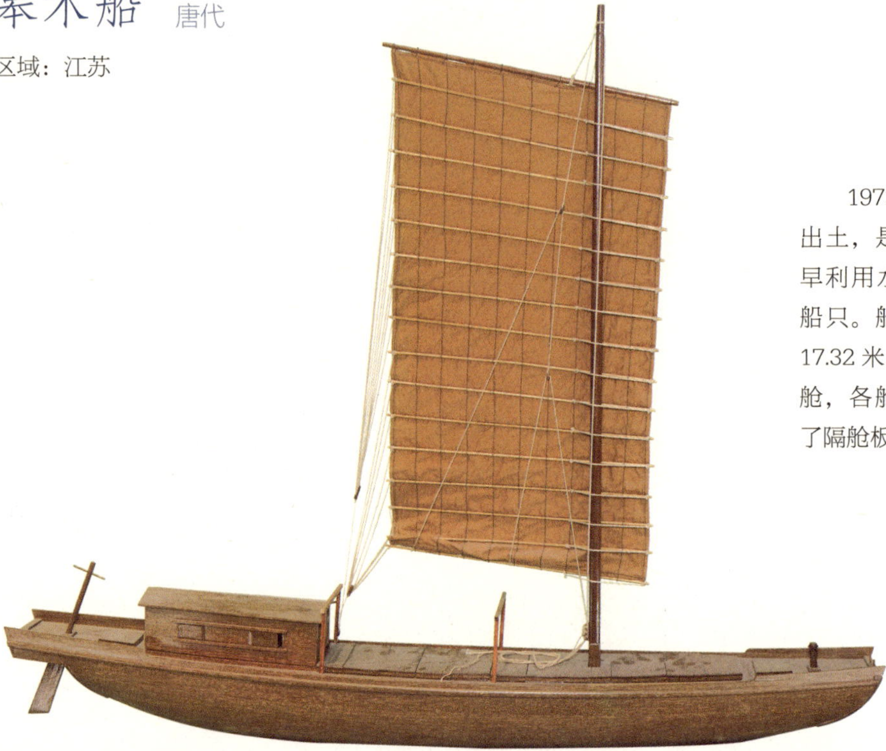

1973 年江苏如皋出土，是迄今所见最早利用水密舱技术的船只。船身复原后长 17.32 米，全船共有 9 舱，各舱之间都安装了隔舱板。

唐代水密舱技术是造船技术的重大革新，它有两个显著优点：1. 如果某舱不幸破损，在船体破洞漏水的情况下也可保证全船安全，不至于沉没；2. 隔舱板横向支撑船舷，增强了船体抗御侧向水压、风浪的能力。

柳孜运河一号船 唐代

航行区域：安徽、江苏

1999 年在安徽淮北市濉溪县的柳孜，发现一批唐代沉船及大量瓷器。

此船模复制自柳孜运河一号沉船，尾舱横梁上有3个格档，放入舵柄可改变航向。

天下诸津，舟航所聚。旁通巴汉，前指闽越，七泽十薮，三江五湖，控引河洛，兼包淮海。弘舸巨舰，千舳万艘。交贸往还，昧旦永日。——《旧唐书》

天津静海古船 宋代

航行区域：北京、天津

1978 年在天津静海县元蒙口村附近运河故道发现了一艘建造于政和七年（1117 年）之前的宋代运粮船。

该船方头、齐尾、平底，复原后体长 14.62 米，最大宽度为 4.05 米，是已发现最早利用平衡舵的船只。

舵扇的一部分置于舵轴的前方，可使转舵较为省力。
平衡舵

汴河客货船 宋代

航行区域：河南

这是一种由漕船改造的货船，船体肥硕，船舷较低，货舱是常见的房舱形，舱顶上有完整的人字桅组合装置，必要时可由人力拉纤。船的前后两端加建了可助增速的“长招”与“大橹”，利于逆水航行。顺水时，无需划桨拉纤，但是后端平台下的船舵必须拆除，以防涡流冲击船舵，影响行驶。

汴河客货船——［北宋］张择端《清明上河图》

汴河万石货船 宋代

航行区域：河南

与后世漕船不同，汴河万石货船的船面上层是拱形舱，其骨架呈弧形，表面覆盖薄木板，抗张力强，自重轻，在建造工艺上属于薄壳结构。拱形舱还有一个特点，就是舱内粮食堆集的方式能使船舶重心更趋稳定。

舱顶中央有天门，两舷有狭长的横向活动门板，这样的设计利于漕粮的贮存与搬运。

汴之水三章送淮南提刑李舍人（其二）

（宋）梅尧臣

汴之水，入于泗，黄流清淮为一致。

上牵下橹日夜来，千人同济兮万人利。

利何谓，国之漕，商之货，实所寄。

汴河万石货船——〔北宋〕张择端《清明上河图》

行汴渠中

〔宋〕韩元吉

东海桑田未可期，隋河高岸已锄犁。

楼船锦缆知无地，枯柳黄尘但古堤。

北宋之后，汴河开始断流，到明清时期，开封多次被黄河淹没，这里的运河也断航了，如今的运河河道被黄河泥沙深埋在地下。

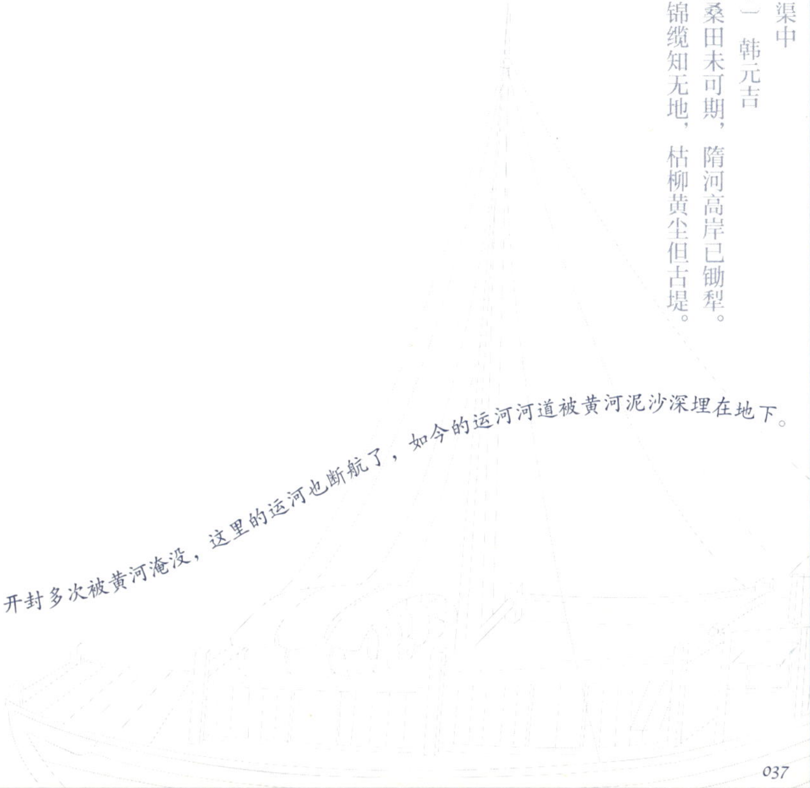

磁县五号漕船 元代

航行区域：河北、山东

元代朝廷极为重视南粮北运，大力整治运河路线，直至京杭大运河全线贯通。

1975 年在河北磁县南开河村漳河故道一侧出土了六艘元代木船，为元末运粮官船，其中五号船损坏较少，船长约 16.6 米，船尾设平衡舵。

自元代起，邯郸河段的漕运非常兴盛。在邯郸的运河沿岸设有皇粮装卸点，贡粮等物品都从这里北上入京。

张湾古船 明代

航行区域：天津、河北

2012 年，北运河张湾段清淤改造工地出土了三艘明代古船，其中二号船较为完整。

该船是明代内河漕运的浅船——驳船。

万历皇帝座船 明代

航行区域：紫禁城西护城河、通惠河

据明代《出警入跸图》制作。台北故宫博物院收藏的《出警入跸图》描绘了明世宗万历皇帝的谒陵场景，图卷分为《出警图》和《入跸图》。《出警图》自右而左，绘皇帝骑马，由陆路出京，人马队伍整齐，前后导从，井然有序。《入跸图》则自左而右画皇帝坐船，走水路回宫，画作最后是“西直桥”的桥前牌坊。西直桥是紫禁城西护城河上的重要桥梁，护城河东与通惠河相连，所以画卷上的船和河均是运河的一部分。画中人物众多，场面宏伟。

万历皇帝座船——（明）《出警入跸图》

无锡快船 明代

航行区域：江苏

据明代仇英《清明上河图》制作。此船用于运输旅客及货物，以无锡为中心，经由江南运河往来苏州、镇江、扬州等地。

明代仇英《清明上河图》参照宋本的构图形式，采用青绿重设色方式，描绘明代苏州城的社会生活情景。

无锡快船——［明］仇英《清明上河图》

预备大黄船 明代

航行区域：北京、河北、山东、江苏、浙江

预备大黄船，又称“水殿黄船”，因艄上有亭如殿，故名水殿，为皇家所用。船只停泊于通州，装饰豪华，所谓“预备”者，备巡幸也。据《龙江船厂志》记载，留京预备黄船有十只，按例五年一修，十年一造。

船上绘太极纹样，设朱栏、宝珠，伏狮左右各一，体现皇家气派。
水殿黄船

明太祖朱元璋非常重视造船业，定都南京后就在都城设厂造船，共有五大官办船厂，即龙江船厂、宝船厂、黄船厂、拨船厂、马船厂。龙江船厂是在宋代龙湾都船厂的旧址上建立而成，建设最早，规模最大，主要负责建造战船，郑和下西洋的部分宝船也是该厂建造。明嘉靖三十年（1551年），李昭祥任南京工部主事，入驻龙江船厂。他在管理船政之余，收集文书资料，开展实际调查，历时两年撰成《龙江船厂志》。

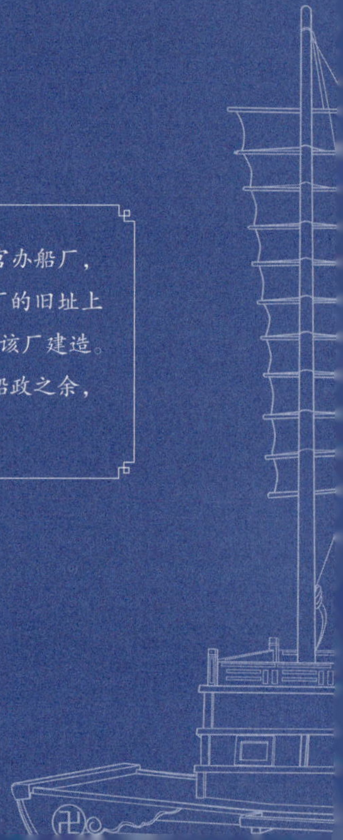

预备大黄船——［明］李昭祥《龙江船厂志》

三吴浪船 明清

航行区域：江苏、浙江为主

江浙地区河道纵横，水浅湾多，活跃着一种名叫“三吴浪船”的小木船。此船灵活轻便，船首呈方形，有利于上下客，船尾略窄，向上翘起。除了“三吴”地界，小船北行经运河可至淮安，甚至到达天津、通州。

“三吴”一词始见于六朝时期，是东南富庶地区太湖流域和宁绍平原的通称。唐宋以后，随着东南经济发展，区域经济划分更细，三吴成了专指太湖流域的名词。在北宋税安礼的《历代地理指掌图》中，以苏州、常州和湖州为三吴，到了明代，周祁《名义考》又以苏州为东吴、润州为中吴、湖州为西吴。

凡浙西、平江纵横七百里内尽是深沟小水湾环，浪船（最小者曰塘船）以万亿计……舟即小者必造窗牖堂房，质料多用杉木。人物载其中，不可偏重一石，偏即欹侧，故俗名天平船。

——《天工开物》

沙船 明清

航行区域：江苏、浙江为主

沙船是我国古代四大船型之一，在平底帆船的基础上改制而来，也是中国竖桅最多的帆船之一，有 2—5 桅不等。

沙船方头、方尾、平底，吃水浅，载重量大，行驶平稳，遇沙不易搁浅，在内河和海上都可以航行。

借助升帆索，船工可轻松地将帆迅速升起或降落。

北直隶船 明清

航行区域：天津、山东、河北、江苏

永乐年间，设江苏淮安清江造船厂、山东临清卫河造船厂，督造漕运船，运送漕粮北上。后将北京、天津地域的漕运船称为北直隶船。

北直隶漕船载货重量一般为 400 吨，船型属平底沙船，船底中央有平板龙骨，船身大约有 15 道水密隔舱壁。船尾有向后伸展的出艄，五根桅杆。

朝廷在运河沿线设置了钞关，对运河上的商货征收船税。

常熟米包子 明清

航行区域：江苏、浙江

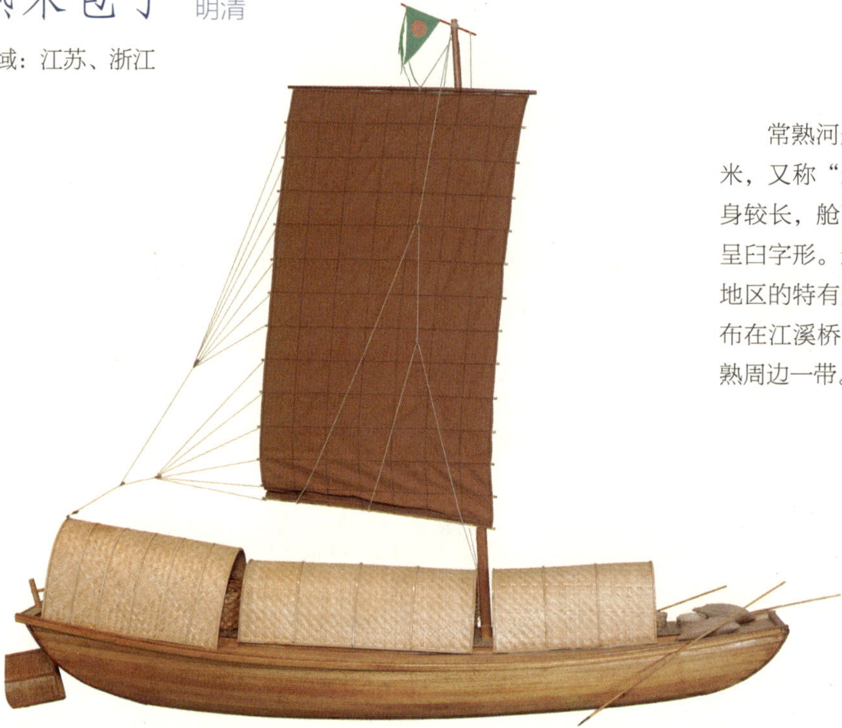

常熟河船主要装运大米，又称“米包子”，船身较长，舱面很窄，断面呈臼字形。这种船是无锡地区的特有船型，主要分布在江溪桥、鸭城桥、常熟周边一带。

黄埠墩——（清）王翚等《康熙南巡图》卷七

无锡运河上有一处名胜叫黄埠墩，这里乍看起来不起眼，却是众多名人驻足过的地方，康熙和乾隆更是多次在此停留。

邵伯划子 清代

航行区域：江苏

邵伯是一个水路通达的小集镇，岸边水浅，大船无法靠近，乘客往返于外来船只和岸边时，需要用小划子接驳，故当地有“邵伯的划子——合上去了”的歇后语。

邵伯划子的船首、船尾翘起，使用风帆时易横摇，稳性稍差。

邵伯拥有大运河上远近闻名的货运大码头，现称为邵伯古码头。

扬州的邵伯闸与其他地方的船闸不同，这里最早在东晋就有了修筑堤坝的记载，之后随着朝代的更迭，邵伯闸也不断更新。从唐代简单的单闸，到民国的新式船闸，一直到今天复杂的三座大型船闸，邵伯闸的演变浓缩了中国船闸的历史，邵伯甚至因此被称为“中国船闸的博物馆”。

洛阳一号古船 清代

航行区域：河南

2013 年因中州渠放水，洛阳一号古船露出地面，为当地农民发现。这艘清代沉船长 20.15 米，最宽处达 3.4 米，共有 13 个大小不一的船舱。船的首尾有生活舱，中部为货舱，是一艘客货两用的内河运输船。

漕粮查验船 清代

航行区域：北京、天津

漕粮查验船是漕运用船之一，顾名思义，漕粮官员会乘坐此船查验来自全国各地的漕运船队。除了巡行稽查外，官员们还会现场查勘、指挥暂泊和记录漕船的损伤情况，以便安排维修。这件船模复制自乾隆年间江萱所绘《潞河督运图》，该图卷是反映潞河漕运景况的重要史料。

官船

漕粮查验船

［清］江萱《潞河督运图》局部

验粮小舟

验粮小舟专供通州坐粮厅舍人乘坐，平时停泊在石坝楼前，望见南来漕船，便飞桨前迎。

官船 清代

航行区域：北京、天津

官船，顾名思义就是官府用的船。《潞河督运图》中的官船属于舫船类型，做工考究，舒适典雅，船尾设舵尾楼，便于瞭望和驾驶。

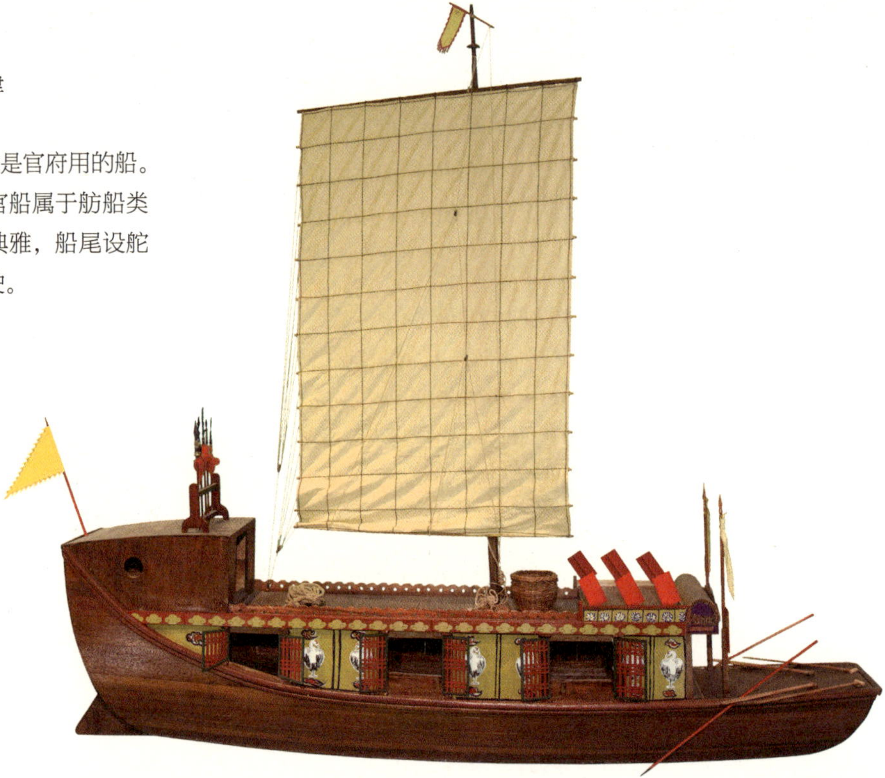

官衔牌为木质朱漆、金字，牌上写明官员的职衔，以示威仪。

苏州渡船 清代

航行区域：江苏

据清代徐扬《姑苏繁华图》制作。苏州渡船的船体不大，呈瘦长形，船尾多配橹，船中部有竹篾制成的风雨篷。

苏州是中国桥梁最多的城市，有“千桥之城”的美誉，所以形成了典型的“小桥流水人家”的江南景色。

大运河畔坐落着有53个孔的宝带桥，这座桥长300多米，是我国现存古代桥梁里最长的多孔石桥。宝带桥诞生于唐朝，它是纤夫们拉纤时使用的水上通道，可以帮助漕船更快地通过运河。

[清]徐扬《姑苏繁华图》局部

苏州漕船 清代

航行区域：江苏、浙江

由于陆地运输需要大量的车马和人力，单单是人和马在路上就要消耗很多粮食，而且陆路很容易受到地形影响，所以古人通过水路进行漕运，运送粮食的船舶便被称为“漕船”。

元代定都北京时，粮食等物资“无不仰给于江南”。当时的漕运主要从刘家港放洋北上。永乐迁都后，海道险阻，南北运河渐通，遂改为河运。清代甚至出现了专门为官府运粮的帮会，被称为“漕帮”，活跃于运河之上。

苏州漕船——［清］徐扬《姑苏繁华图》

站船 清代

航行区域：江苏、浙江

古代水路、陆路都设有大量驿站，官府专用站船于驿站之间往返。

船首多用龙头、虎头等猛兽图案作为装饰，是吉祥、力量的象征，用来驱邪辟祟。

仙船 清代

《古今图书集成·舟楫部》，将明《三才图会》中的“仙船图”录入其中。《古今图书集成》是清代规模最大的类书，与明《永乐大典》、清《四库全书》齐名，将仙船录入书中，说明了仙船在江南客船中的地位与价值。

后舱膳房内备足大米、蔬菜、肉类、茶叶、果品、柴炭等物品，以供出行时使用。

烧香船 清代

航行区域：江苏、浙江

清代，赴杭州的烧香船多来自苏州，苏州烧香船又名南湾子。该船原是官船，后演变为香船，接送朝山进香客，可供饭菜，船上设有风帆。

本模型根据清院本《清明上河图》制作。

烧香船——［清］陈枚等《清明上河图》

北宋张择端的《清明上河图》之后，出现了《清明上河图》的各种复制本、仿本、伪本等。张择端的本子简称宋本，明本又称仇英本，清代乾隆年间陈枚等五位宫廷画家合作的本子简称清院本，后两本分别以明、清苏州的生活场景为创作素材。

康熙座船 清代

航行区域：江苏、浙江

船出自《康熙南巡图》第七卷，此卷从无锡郊外画起，经虎丘过山塘街进苏州阊门，进苏州城。苏州阊门外的护城河与山塘街的运河相连，形成丁字形河道。在阊门口河边，停靠近40艘大官船，船长20米以上，装饰讲究，都有彩绘，船的中部为大客舱，后是四扇篷的客舱，船首部设有观景的空间，船桅杆上挂黄旗。康熙座船也挂黄旗，但旗的式样不同，而且有黄伞盖，表明了皇帝的身份。

清朝宫廷画家王翚、杨晋等人绘制的《康熙南巡图》共有12卷，完整记录了康熙皇帝的第二次南巡（1689年），从离开京师到沿途所经过的山川城池、名胜古迹等，每卷都有康熙身影。此卷现藏于美国大都会艺术博物馆。

康熙座船——［清］王翚等《康熙南巡图》卷七

画舫 清代

航行区域：江苏、浙江

大运河江浙航段，文人墨客荟萃，商贾云集，水乡古镇星罗棋布，扬州、苏州、杭州、江宁、镇江等繁华城市分布于运河两岸。清康熙、乾隆都曾经六次南巡，特别是乾隆皇帝，在视察河工同时，从不忘游览和吟咏名胜古迹，助推了观光游览船的发展。

此船据清院本《清明上河图》制作，为一豪华游船，供皇室贵族、江南富庶人家游玩使用。从船身装饰来看，该船当属凤舟。

设有客厅、卧室、厨房，船身两侧有祥凤图案装饰。

画舫——［清］陈枚等《清明上河图》

安福舻 清代

航行区域：北京、河北、山东、江苏、浙江

此船模参考《乾隆南巡图》第五卷制作，画卷描绘了乾隆从金山乘船到焦山，一路游览长江胜景的场景。

乾隆御舟名安福舻，长近30米，皇后座船名翔凤艇。

御用船共有五艘，由仓场衙门制造，提前送往江南，仅御舟拉纤的河兵就数以千计，周围由小船环绕组成仪仗队伍。其余人员需用船只由江南备办，共千余艘。这样豪华庞大的船队行进在运河上，首尾相接，旌旗蔽空，蔚为壮观。

舱顶棚悬挂龙帆、九龙旗，船首华盖举起，体现皇家规制。

漕运驳船 清代

航行区域：北京、天津

清代转运漕粮的小船。

乾隆五十一年（1786年），因各省漕船过于高大沉重，行走迟滞，谕令另造官驳船，每当南粮运抵北河，即用此类船只驳运赴通州。除驳运漕米、铜铅、麦豆外，漕运驳船空闲时可载运商货、盐斤。

扁平船底适合在内河河道淤浅处行驶。

潞河漕船 清代

航行区域：北京、天津

潞河也称北运河，上达北京，下通天津，与南运河交汇于三岔河口，经大运河可达杭州，经海河可至渤海。

自元代始“百司庶府之繁，卫士编民之众，无不仰给于江南”，盐、茶、米、粟、麻、丝，殿堂之需大木、金砖、油漆，都得靠南方用船运来。无论海运还是河运，都必须在直沽转驳启运，其中漕粮大部分沿潞河北上至通州进京。

作为漕运入京的必经之地，通州拥有非常重要的地位，所以古代有“一京二卫三通州”的说法。通州的发展也是从大运河开始的，曾经这里根本没有城镇，正因有了运河，元朝政府才开始在这里沿河建城。

北运河容易发生水灾，从元朝开始，政府就经常对其进行维护，后来形成了每年一次的“岁修制度”。

盐船 清代

航行区域：天津、河北、山东、江苏、浙江

古代盐船，由官府统一管辖，按指定航线运盐。京杭大运河连接黄河、淮河、长江等水系，形成沟通南北盐运的主要通道。明清两代，尤其清代乾隆、嘉庆年间，是扬州盐业的鼎盛时期。

盐船比一般的运输船载重量大，运输时吃水深、航速较慢。这艘船模是清代官方运盐船的标准模式。

扬州的繁华离不开盐业。古人说“吴盐胜雪”，赞誉江淮一带产出的盐像雪一样白，高品质的盐使扬州的盐商腰缠万贯。扬州美景的开拓也离不开盐商，著名的瘦西湖就是由盐商出资疏浚的。

据史料记载，管仲率先实现了国家对盐业的管理，因此他成为后世百姓祭拜的盐神。

无锡西漳船 清代

航行区域：江苏、浙江为主

西漳船是以无锡西漳地名命名的内河运输船，因为自重轻、舱容大、吃水浅、阻力小、易装卸、航速快等特点，适宜在太湖流域、长江下游和京杭运河一带航行，是活跃于江、浙、沪、皖水乡地区的主力货船，在中国水运史、造船史上享有盛名。

防水箬叶蔑篷用于防止舱内粮食、棉花等干货被雨水淋湿。

瓜洲丝网船 清代

航行区域：江苏

丝网船多在扬州邗江瓜洲港至六圩河口一带活动。此类船只划桨灵活，吃水浅，能搁置滩上，不仅航行于河道，也可进入高邮、邵伯等中小型湖泊进行作业。据当地工匠称，瓜洲丝网船因船窗装有丝网，可阻蚊蝇而得名。

延绳钓是一种高产的捕鱼方式，在鱼线上系结多条等距离的支线，末端都结有钓钩和鱼饵。

太湖七扇子 清代

航行区域：江苏、浙江

“七扇子”因船上竖有七根粗大的桅杆，挂系七道风帆，行进时如展开的七把扇子而得名，是太湖流域最古老的渔船之一。

据民间传说，七扇子由南宋岳家军的战船演变而来。此类船只一般由“对船”或四船作业，太湖渔民称“对船”为“舍”、四船为“带”，明显带有古代水师军事建制称谓的痕迹。

端午龙舟 清代

据清代《龙舟竞技图》制作，图轴描绘了清代江南地区端午时节龙舟竞赛的热闹场景。

画面中，远处山峦起伏，近处江面平阔，江中参加比赛的龙舟装饰华丽，旗帜、锣鼓等一应俱全。船上的桨手排列整齐，动作一致。除龙舟外，江面上还停有各式船只，坐满了前来观看助兴的游人。岸边的亭台水榭中也有不少观看比赛的人群。

乙卯重五诗

（宋）陆游

重五山村好，榴花忽已繁。

粽包分两髻，艾束著危冠。

旧俗方储药，羸躯亦点丹。

日斜吾事毕，一笑向杯盘。

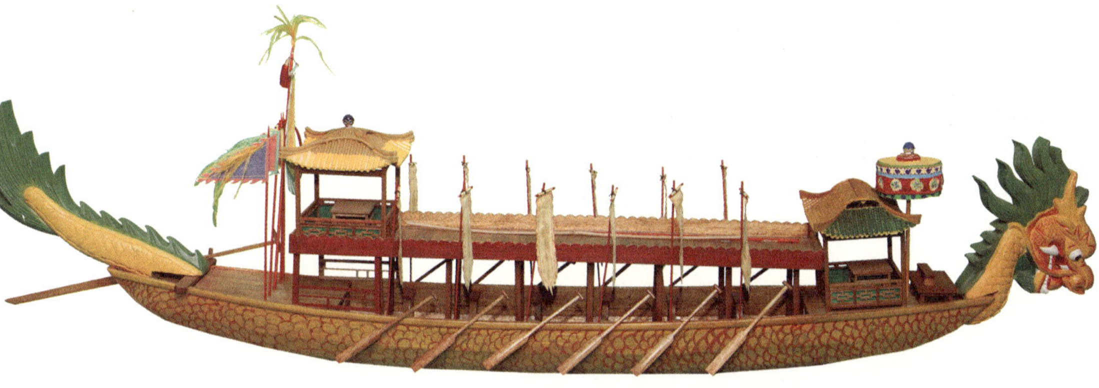

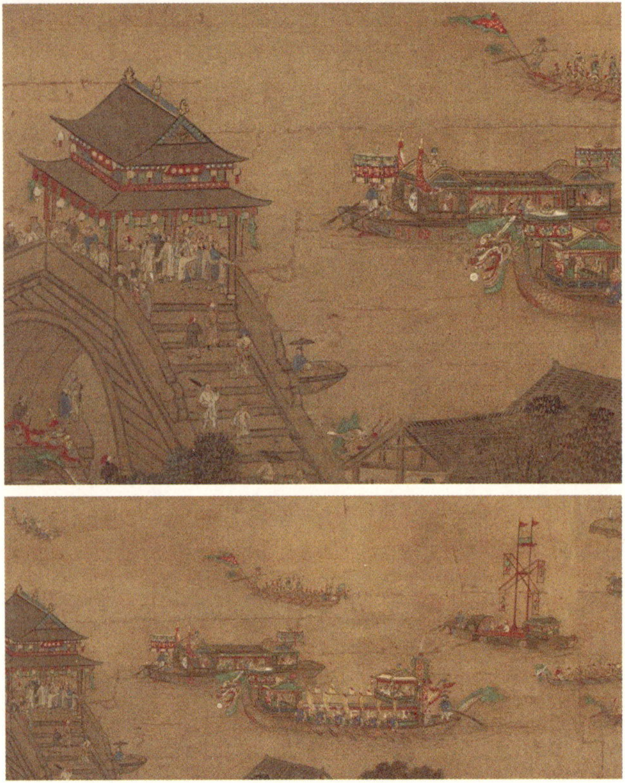

端午龙舟——〔清〕《龙舟竞技图》

杂技船 清代

据清代《龙舟竞技图》制作，水上杂技船正上演着一场扣人心弦的表演。

杂技船——［清］《龙舟竞技图》

状元船 清代

航行区域：江苏、浙江

《姑苏繁华图》中的状元船是明清时期江浙一带的舫船，因供状元巡游而得名。该船也称“迎船”，大户人家用之迎亲或看戏。

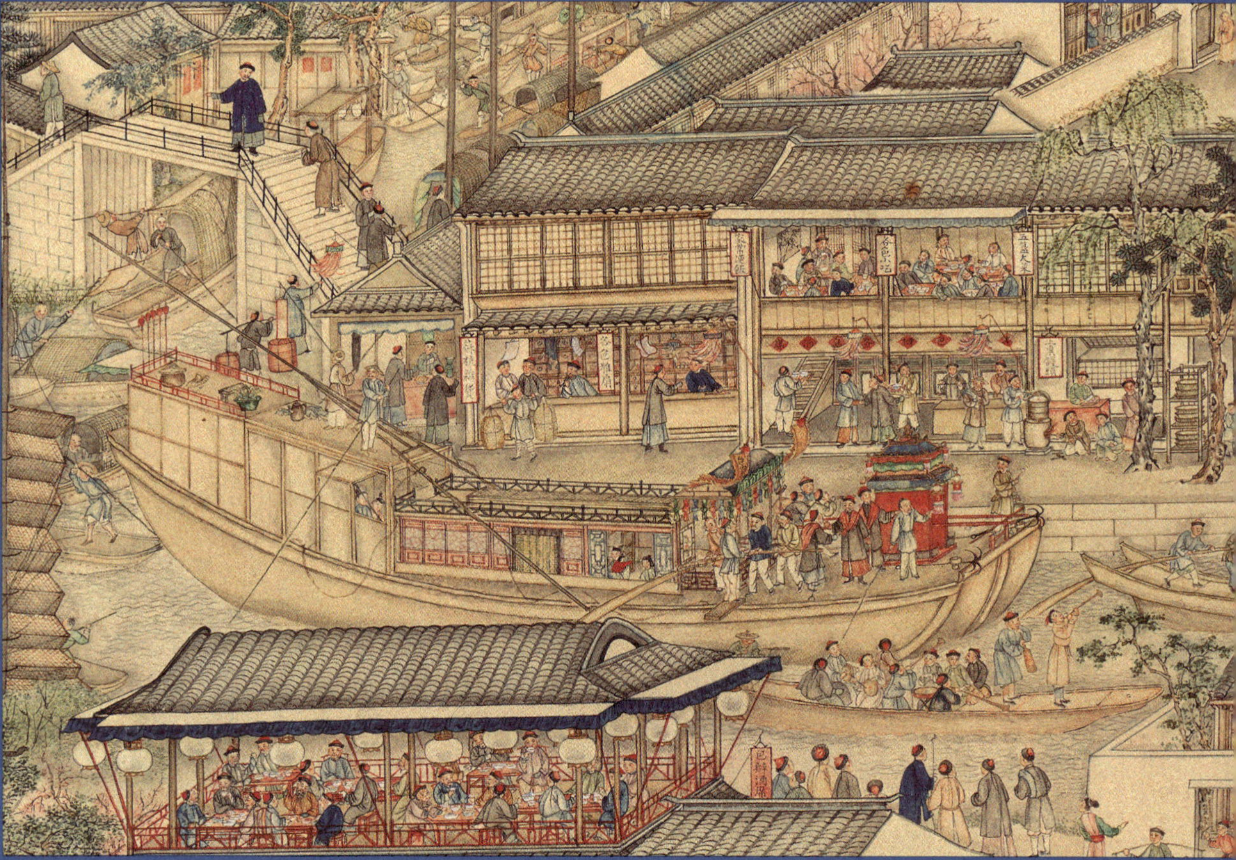

状元船——［清］徐扬《姑苏繁华图》

灯舫 清代

航行区域：江苏

据清代徐扬《乾隆南巡图》卷六制作。

《乾隆南巡图》卷六描绘乾隆皇帝在苏州胥门外舍舟登岸，经胥门进入苏州城，并在当晚驻跸苏州织造署行宫的场景，重点展现苏州阊门到胥门一带的繁华景象。

灯船歌

〔清〕吴周钤

水嬉吴下盛，绝丽推灯船。
操船十七户，多住白堤边。

灯舫——［清］徐扬《乾隆南巡图》卷六

绍兴乌篷船 清至现代

航行区域：浙江

乌篷船是浙江绍兴独特的水上交通工具，船身狭小，船篷低矮，可坐可卧，因竹篾篷被涂成黑色而得名。主要用于运输货船，也兼作客运及迎亲船。

秋冬东南风，雨下不相逢。春夏西北风，夏来雨不从。
帆头风不长，帆后风雨毒。春夏东南风，不必问天公。
秋冬西北风，天光晴可喜。长夏风势轻，舟船最可行。
深秋风动势，终夜浪未静。夏风连夜微，不尽便晴明。
雨过东风至，晚来越添势。风雨朝相攻，飓风浪将避。

——看风使船的民谣

浙东运河最早开凿的部分是绍兴境内的山阴故水道，据说始建于春秋时期，现在已不可考。在绍兴的运河上还遗留着古代为纤夫拉纤而设立的古纤道。纤道上每隔一段就设有一架简单的石桥，供来往的小船经过。其中，钱清板桥至上谢桥的一段纤道，是浙东运河保存较好的古纤道。

通州碼頭
清江浦
神相

高義園

图书在版编目（CIP）数据

运河上的舟楫 / 中国大运河博物馆编. — 南京：江苏凤凰文艺出版社，2023.7（2024.5重印）
ISBN 978-7-5594-7830-6

Ⅰ. ①运… Ⅱ. ①中… Ⅲ. ①船舶 — 中国 — 古代 — 图录 Ⅳ. ①U66-092

中国国家版本馆CIP数据核字（2023）第109111号

运河上的舟楫

中国大运河博物馆　编

出 版 人　张在健
责任编辑　费明燕
特约编辑　叶姿倩
书籍设计　郭　凡
责任印制　杨　丹
出版发行　江苏凤凰文艺出版社
　　　　　南京市中央路 165 号，邮编：210009
网　　址　http://www.jswenyi.com
印　　刷　苏州市越洋印刷有限公司
开　　本　787 毫米 ×1092 毫米　1/32
印　　张　3.75
字　　数　30 千字
版　　次　2023 年 7 月第 1 版
印　　次　2024 年 5 月第 3 次印刷
书　　号　ISBN 978-7-5594-7830-6
定　　价　38.00 元